49065419R00061

Made in the USA
Columbia, SC
16 January 2019